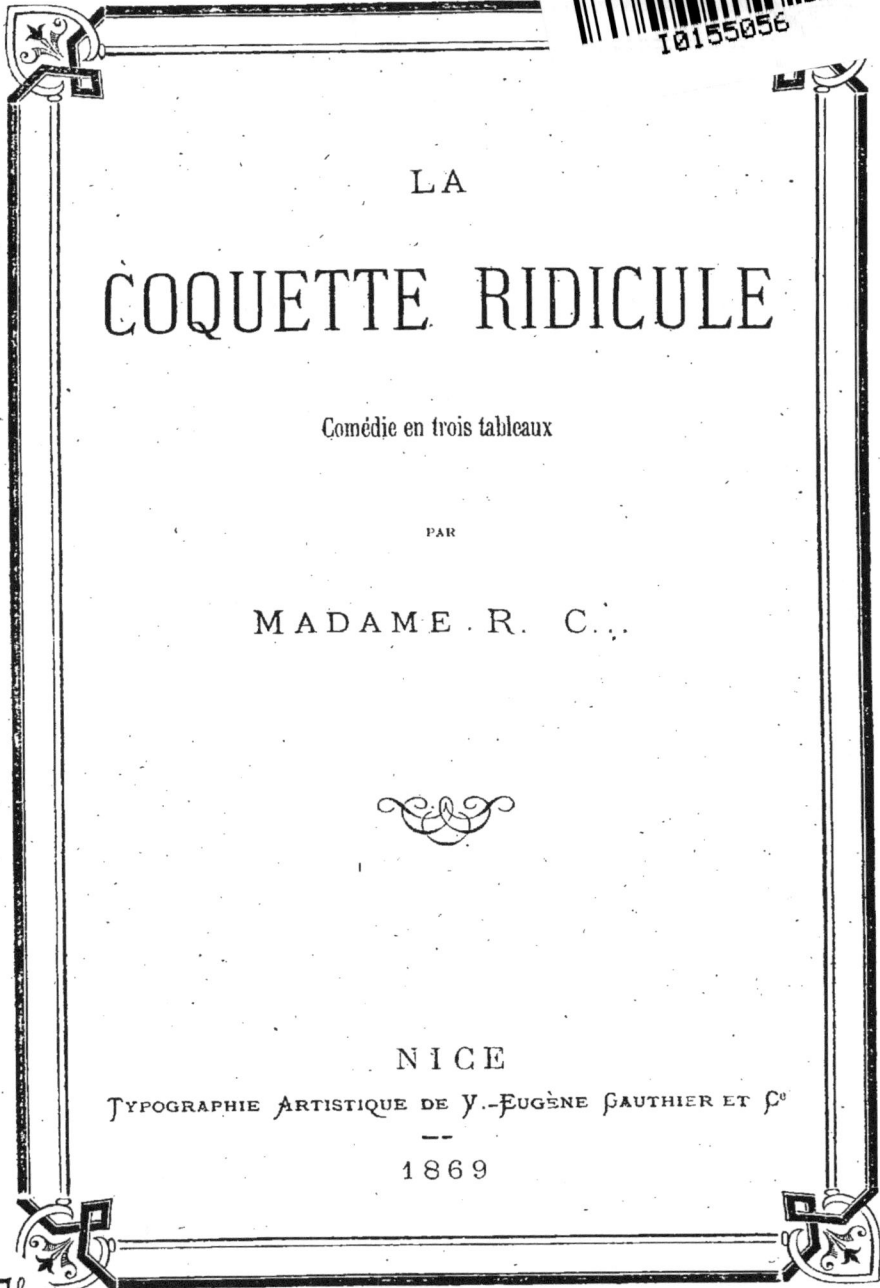

LA
COQUETTE RIDICULE

Comédie en trois tableaux

PAR

MADAME . R . C...

NICE

Typographie Artistique de Y.-Eugène Gauthier et Cᵒ

--

1869

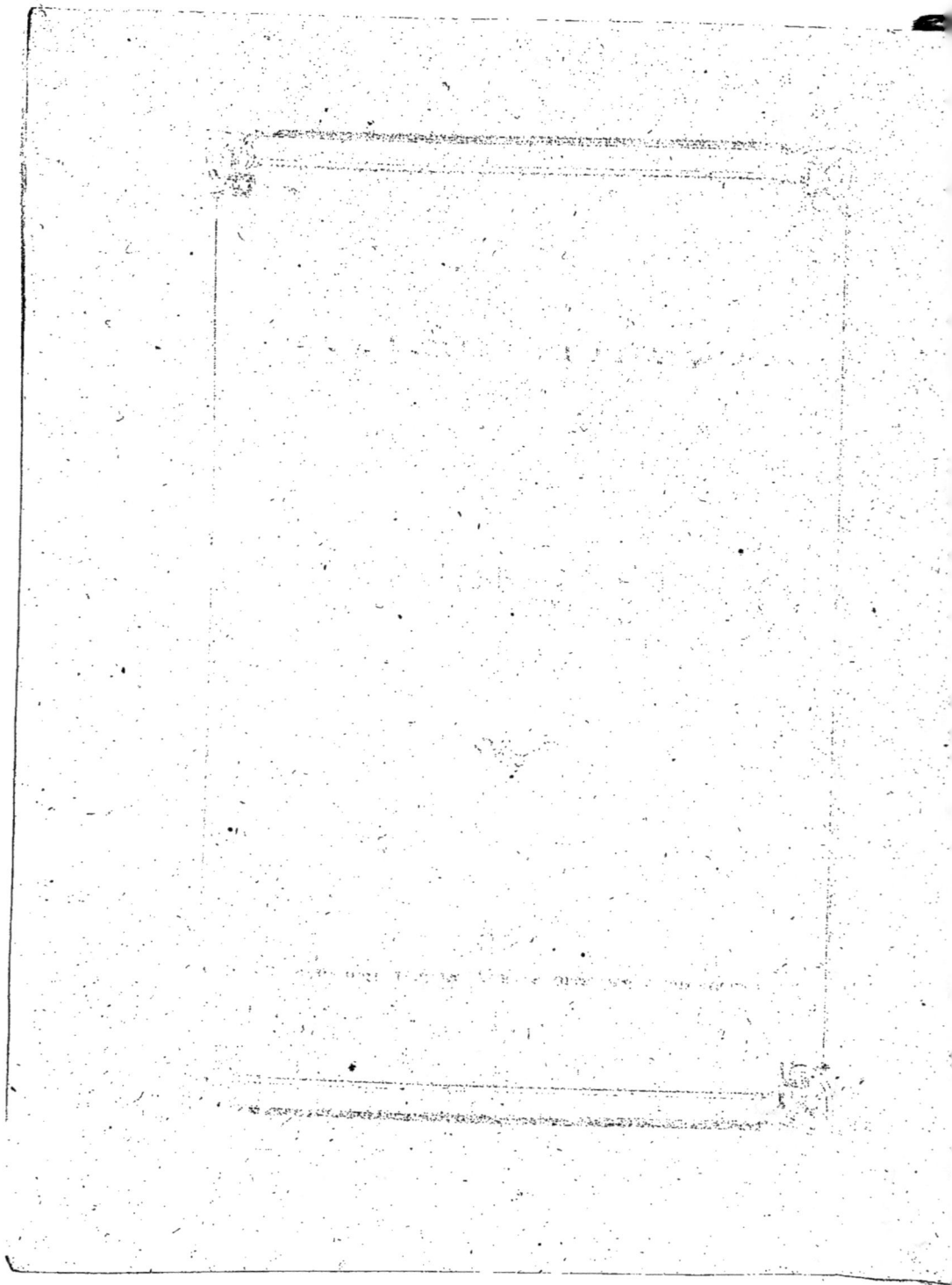

LA

COQUETTE RIDICULE

Comédie en trois tableaux

LA
COQUETTE RIDICULE

Comédie en trois tableaux

PAR

MADAME R. C...

NICE

TYPOGRAPHIE ARTISTIQUE DE VICTOR-EUGÈNE GAUTHIER ET Cie

--

1869

Nice — Typographie V.-E. GAUTHIER et C°, descente de la Caserne, 1.

PERSONNAGES

La Marquise de COTIGNAC, coquette ridicule.

Le marquis de COTIGNAC.

Le chevalier de BEAUCHAMP.

ERLISKA, veuve polonaise.

CLORINDE, nièce de M. de Cotignac.

Monsieur FATERIE, homme de lettres.

FINETTE, femme de chambre.

PHILOCOME, coiffeur.

LAFLEUR
JASMIN } domestiques en livrée.

JARDIN, GARE ET RESTAURANT

L'action se passe à Angoulême

LA
COQUETTE RIDICULE

PREMIER TABLEAU
AU JARDIN

SCÈNE UNIQUE

LE CHEVALIER et Mme ERLISKA

LE CHEVALIER

Belle dame, voulez-vous accepter mon bras?

ERLISKA

Volontiers; on est tout étourdie en descendant
de wagon.
LE CHEVALIER

Entrons au restaurant; justement on sonne pour

la table d'hôte. Il vaut mieux se faire servir à la carte; on demande les mets que l'on préfère. Il fait un temps superbe; nous déjeûnerons dans le jardin. Garçon! apportez-nous la carte. (LE GARÇON L'AP-PORTE.) Le meilleur bordeaux, des huîtres, une croûte au pot, une sole matelote normande, une bécasse, des petits pois et une charlotte russe.

ERLISKA

Mais, monsieur, voilà un déjeûner princier.

LE CHEVALIER

Ici on fait bonne chère sans dépenser beaucoup d'argent; je connais le pays, car j'y suis né.

(ON SERT, ILS MANGENT.)

ERLISKA

En effet, c'est excellent!

LE CHEVALIER

Je vois, charmante dame, qu'il ne faut pas cher-cher le bonheur; le hasard le conduit... Je quitte Angoulême dans l'intention de voyager beaucoup, pour me débarrasser d'un mariage projeté avec une cousine, une enfant, une niaise... Et puis, il suffit qu'on nous choisisse une femme pour que nous ne

puissions pas la souffrir. Ma tante... la marquise
de Cotignac... m'aime comme si j'étais son fils...
Ne pouvant supporter mon absence, elle m'écrivait
d'un ton si attendrissant en me promettant de ne
plus me parler de cet hymen, que je me suis
décidé à revenir. Ma tante, quoique d'une famille
noble, n'avait pour dot que sa beauté; le marquis
de Cotignac, épris de ses charmes, lui offrit sa
main et son immense fortune, dont elle dispose à
son gré; moi, qui n'en possède pas, je dépends
entièrement de sa générosité. Vous voyez, madame,
que c'est à cette bonne parente que je dois le
bonheur de vous avoir rencontrée.

ERLISKA

Je ne suis pas insensible aux sentiments que
vous me témoignez, mais les Français sont volages.

LE CHEVALIER

Je vous jure.....

ERLISKA

Peut-être je trouve en vous une heureuse excep-
tion. Pour répondre à votre franchise, il faut qu'à
mon tour je vous apprenne que je suis la veuve
d'un officier supérieur mort en combattant pour

la Pologne, notre patrie. Je viens en France pour me distraire et pour y utiliser quelques talents. Je désirerais faire l'éducation d'une jeune personne.

LE CHEVALIER

Précisément la marquise cherche une gouvernante pour cette cousine qui doit sortir du couvent. Si elle vous accepte, je serai le plus heureux des mortels; mais je crains qu'elle ne vous trouve pas à son gré. Ma tante, comme je vous le disais, a été fort belle il y a trente ans; elle a la faiblesse de croire qu'elle n'a pas subi les outrages du temps. Elle déteste les jolies femmes ; il est donc impossible que vous lui conveniez.

ERLISKA

Soyez tranquille, je m'accoutrerai de manière à ne pas exciter sa jalousie.

LE CHEVALIER

Veuillez m'attendre ici, je cours prévenir ma tante avant de vous présenter.

ERLISKA

Je vous rends grâces. (LE CHEVALIER SORT.)

DEUXIÈME TABLEAU

AU CHATEAU

SCÈNE PREMIÈRE

—

La scène représente une antichambre au château de Cotignac.

FINETTE, LE CHEVALIER

FINETTE

Vous voilà, monsieur le chevalier! Quelle agréable surprise! Madame la marquise sera si enchantée de vous voir, que ses vapeurs disparaîtront. Vous savez qu'elle vous aime à l'adoration.

LE CHEVALIER

Cesse ton bavardage et cours m'annoncer.

SCÈNE II

—

LE CHEVALIER, LA MARQUISE

LA MARQUISE

Ah! la joie m'empêche de respirer! (ELLE PREND SON FLACON, ELLE ASPIRE LES SELS.) Mon cher enfant, je suis bien heureuse de ton retour... (ILS S'EMBRASSENT.) Tu dois être fatigué?

LE CHEVALIER

Pas le moins du monde.

LA MARQUISE

Parle-moi de ton voyage.

LE CHEVALIER

Je n'ai rien d'intéressant à vous apprendre. Si... pourtant. Je vous dirai une chose qui vous fera plaisir. Je sais que vous cherchez une gouvernante, et je viens vous en présenter une que le hasard m'a fait rencontrer.

LA MARQUISE

C'est peut-être quelque jeune écervelée qui ne me conviendra pas.

LE CHEVALIER

En la voyant, vous serez convaincue du contraire : c'est la veuve d'un colonel polonais. Ayant tout perdu, elle cherche un moyen d'existence en utilisant ses talents.

LA MARQUISE

Eh bien ! nous verrons.

LE CHEVALIER

Oui, chère tante.

(LA MARQUISE SONNE, UN DOMESTIQUE PARAIT.)

LA MARQUISE (AU DOMESTIQUE)

Allez voir s'il y a tout ce qu'il faut dans l'appartement du chevalier.

(LE CHEVALIER EMBRASSE SA TANTE)

LE CHEVALIER

Permettez que j'aille mettre un peu d'ordre à ma toilette.

LA MARQUISE

Ne vous faites pas attendre pour le dîner, vous savez que le marquis aime l'exactitude.

(LE CHEVALIER SORT)

SCÈNE III

LA MARQUISE, FINETTE, LE COIFFEUR.

LA MARQUISE

Bonjour, Philocome. Vous m'apportez mes anglaises. Voyons si elles sont assez fournies. Je veux qu'elles me couvrent presque tout le visage et qu'on ne voie que le bout de mon nez.

FINETTE (A PART)

Elle aura l'air d'un caniche.

Rapporte-les tout de suite, il me les faut absolu-
ment.

PHILOCOME

Madame la marquise les aura. (IL S'INCLINE ET SORT
SUIVI PAR FINETTE.)

SCÈNE IV

LA MARQUISE, FINETTE

FINETTE

Madame la marquise, la modiste apporte la coif-
fure.

LA MARQUISE

Allez la chercher. (LA MARQUISE PREND UN PETIT
MIROIR QU'ELLE A DANS SA POCHE ET SE MIRE. ELLE
ARRANGE SES CHEVEUX.) C'est désagréable! Par ce

temps humide, la frisure ne tient pas. Heureusement que le postiche est à la mode. Il faut que j'ajoute un peu de rouge.

———

SCÈNE V

—

LA MARQUISE, FATERIE, FINETTE
UN DOMESTIQUE

(UN DOMESTIQUE ANNONCE FATERIE.)

FATERIE

Belle dame, daignez accepter l'hommage de ma traduction de **Hamlet**.

LA MARQUISE

Je vous rends grâce ; je n'ai jamais voulu ternir l'éclat de mes yeux par la lecture ; mais je vous promets de me la faire lire et de l'écouter attentivement sans m'endormir. J'ai vu représenter cette tragédie à Paris du temps de Miss Smithsan. Comme je ne comprends pas l'anglais, je m'y suis fort ennuyée.

(FINETTE REVIENT AVEC UN CARTON, QU'ELLE POSE SUR LA TABLE.)

Mon cher Faterie, venez dîner avec nous. Vous savez qu'il y aura bal à la Préfecture. Le marquis ne pourra pas m'y accompagner à cause de sa goutte et vous serez mon chevalier.

FATERIE

Je suis très-sensible à cette faveur.

LA MARQUISE

J'aurai une toilette ravissante, une robe de velours ponceau, avec des volants en satin blanc ornés de bleu, une ceinture pareille et un turban ponceau avec des plumes blanches et bleues; une parure composée de perles, de rubis et de turquoises.

FINETTE (A PART.)

Véritable drapeau national. (ELLE SORT.)

LA MARQUISE

Mon cher Faterie, je vous dirai que mon neveu m'a trouvé une institutrice. Ainsi, vous n'avez plus besoin de vous en occuper.

FATERIE

Comment, le chevalier de Beauchamp est déjà de retour?

LA MARQUISE

Sachant que son absence me désolait, il est revenu de suite; il est si bon et il m'aime tant!

FATERIE

Et qui ne vous adorerait pas? (IL SE LÈVE ET BAISE LA MAIN DE LA MARQUISE.) Il faut que je prenne congé de vous pour aller chez mon libraire; c'est ennuyeux, mais je vous reverrai bientôt. L'idée de passer la soirée avec vous me dédommagera de tous mes ennuis.

LA MARQUISE

Vous savez que ma bourse est à votre disposition.

FATERIE

Vous êtes un ange, et vos bontés pour moi sont inépuisables. (IL SORT.)

—

SCÈNE VI

—

LA MARQUISE, LE CHEVALIER, ERLISKA,

LE CHEVALIER

Ma chère tante, voici la dame dont je vous ai parlé ; je vous laisse avec elle. (IL SORT.)

LA MARQUISE PREND SON LORGNON ET EXAMINE ERLISKA DE LA TÊTE AUX PIEDS. — ERLISKA EST EN GRAND DEUIL ET SANS ÉLÉGANCE.

J'attends une nièce élevée au couvent : c'est vous

dire qu'il faut refaire son éducation. Quels sont vos talents?

ERLISKA

Le piano, le dessin, l'histoire, la géographie et l'anglais.

LA MARQUISE

C'est bien... Pour plaire, je n'ai pas eu besoin de toutes ces sciences.

ERLISKA

Je le crois sans peine; votre beauté doit suffire.

LA MARQUISE

Asseyez-vous, ma chère. Quelles sont vos conditions?

ERLISKA

L'honneur et le plaisir d'admirer une dame aussi belle sera ma plus douce récompense; pour le reste, je m'en rapporte à la volonté de madame la marquise.

LA MARQUISE

Si vous étiez un jeune homme, je serais flattée de vos compliments.

ERLISKA SE JETANT AUX PIEDS DE LA MARQUISE

Ce jeune homme vous supplie de lui pardonner sa témérité. (ELLE OTE SA CAPOTE, ET SES CHEVEUX BLONDS TOMBENT EN BOUCLES SUR SES ÉPAULES.)

LA MARQUISE

Levez-vous et cachez vos cheveux.

ERLISKA

Je suis un prince polonais. Il y a un an, j'eus le bonheur de vous voir à Paris ; c'était à l'Opéra. Je ne vous dirai pas à quelle représentation, car je ne voyais que vous. Toutes les beautés semblaient s'y être donné rendez-vous : vous les éclipsiez toutes.

LA MARQUISE

Cela m'arrive toujours.

ERLISKA

J'aurais donné ma vie pour rencontrer un de vos regards charmants, mais tous les yeux étaient fixés sur vous.

LA MARQUISE

Cela ne m'étonne pas.

ERLISKA

J'appris que le marquis de Cotignac était l'heureux possesseur de tant d'attraits, et que votre résidence est Angoulême. Je vous aimais à en perdre la raison ; j'ai pensé que les voyages m'offriraient une distraction, mais en vain. Je voulais m'éloigner et je me retrouvais toujours près des lieux que vous habitez. Mon heureuse étoile m'a fait rencontrer le chevalier de Beauchamp, je lui ait fait connaître mes intentions ; sous ce misérable costume, il me prit aisément pour une institutrice.

LA MARQUISE

Cherchons un moyen de cacher ce mystère.

ERLISKA

Le voici : j'ai pris soin de me procurer un habillement très-élégant ; les ajustements de votre sexe ne me déparent pas, je vous assure.

LA MARQUISE

C'est une excellente idée, une vraie mascarade qui me divertira beaucoup... Vous êtes bien jeune.

ERLISKA

Je n'ai pas vingt ans.

LA MARQUISE

Vous saurez que je regarde votre passion comme
un enfantillage ; j'en rirai tant que cela vous rendra
raisonnable. (LA MARQUISE SONNE, FINETTE PARAIT.)
Conduisez madame dans le petit appartement
du pavillon, il est confortable. Obéissez à madame
Erliska comme à moi-même. (ELLES SORTENT.)

SCÈNE VII

—

LA MARQUISE (SEULE)

Je ne reviens pas de ma surprise ! Quelle audace !
si jeune ! Mais il faut convenir qu'il est charmant.

SCÈNE VIII

—

LA MARQUISE, FINETTE

FINETTE

Est-ce que Madame a sonné ?

LA MARQUISE

Non, mais n'importe. Est-elle satisfaite de son logement ?

FINETTE

Elle serait bien difficile... Il paraît qu'elle quitte le deuil ; elle a étalé une superbe robe de moire bleue. J'ai voulu l'aider à s'habiller, elle m'a dit sèchement qu'elle n'a besoin de personne. Mais..... madame la Marquise, nous avions arrangé un appartement pour l'institutrice et Mlle Clorinde.

LA MARQUISE

C'est vrai, j'ai changé d'avis. Ma nièce habitera

la chambre à côté de la mienne, les leçons auront
lieu dans mon boudoir, j'y assisterai et cela me
fera passer le temps. (FINETTE SORT.)

SCÈNE IX

—

LA MARQUISE, LE MARQUIS

LE MARQUIS

(IL ENTRE SOUTENU PAR UN DOMESTIQUE)

Ah! ne va pas si vite, faquin. (IL S'ASSIED SUR
UNE BERGÈRE PRÈS DE LA CHEMINÉE. LA MARQUISE
SE PLACE A COTÉ DE LUI.)

LA MARQUISE

Comment allez-vous aujourd'hui, mon amour?

LE MARQUIS

Belle demande! vous savez bien que je souffre toujours.

SCÈNE X

LA MARQUISE, LE MARQUIS, ERLISKA

LE MARQUIS

Vous ne m'aviez pas dit que nous possédions une aussi belle personne.

LA MARQUISE

Sous les vêtements qu'elle portait, on n'aurait jamais deviné qu'elle fût jolie.

LE MARQUIS

En général.....

Le beau sexe sans art nous paraîtrait fort laid.

Sans m'en douter, j'ai fait un vers alexandrin.

LA MARQUISE

Les gens d'esprit ne disent que des sottises.

LE MARQUIS

Belle dame, venez vous asseoir près de nous.
(IL LUI PREND LA MAIN ET LA REGARDE EN SOU-
RIANT.) Nous aimerez-vous un peu?

ERLISKA

Je vous assure que j'aurais pour vous deux les
mêmes sentiments.

———

SCÈNE XI

—

LES MÊMES, LE CHEVALIER

LA MARQUISE

Vous êtes bien aimable, mon chéri, d'être venu avant l'heure du dîner. Il me vient une idée : vous devriez, en attendant, aller faire un tour de promenade avec notre charmante institutrice.

LE CHEVALIER

Où est-elle?

ERLISKA

Vous ne me connaissez pas?

LE CHEVALIER

Ah ! je reconnais le son de votre voix, j'aurai dû deviner qu'il appartenait à une jolie personne. Mais quelle métamorphose ! (ILS SORTENT.)

SCÈNE XIII

—

LA MARQUISE, LE MARQUIS

LA MARQUISE

Vous savez que je vais à la préfecture. Mme Erliska fera votre partie de piquet.

LE MARQUIS

Ne serez-vous pas jalouse?

LA MARQUISE

Oh! non! je vous assure. (ELLE RIT.)

LE MARQUIS

Méchante! Il y a trente ans, vous n'auriez pas ri. (LA MARQUISE RIT AVEC ÉCLATS, LA MARQUIS RIT AUSSI.) Aïe, aïe, aïe.

UN DOMESTIQUE

Monsieur le marquis et madame la marquise sont servis.

FIN DE L'ACTE PREMIER.

ACTE DEUXIÈME

SCÈNE PREMIÈRE

FINETTE, UN DOMESTIQUE

(OCCUPÉS A METTRE EN ORDRE LE SALON.)

FINETTE

Bonjour Lafleur.

LAFLEUR

Bonjour la belle.

FINETTE

Tu ne sais pas, Lafleur?

LAFLEUR

Quoi ?

FINETTE

Mademoiselle est arrivée.

LAFLEUR

Elle doit être bien gentille, je l'ai vue toute
petite.

FINETTE

Elle est superbe!... C'est la plus jolie brune, avec
une tournure délicieuse, et puis elle est d'une
naïveté amusante.

LAFLEUR

En ce cas, elle ne te ressemble pas; ma chère
Finette, ton nom te sied bien.

FINETTE

Toi, par exemple, tu n'as pas un brin de finesse;
il faudra que ta femme en ait pour deux. Mais
pour revenir à mademoiselle, elle a dit qu'elle est
enchantée que la marquise soit sortie, pour être
plus fraîche et bien parée en revoyant sa tante.

LAFLEUR

Et le marquis, comment a-t-il passé la soirée?

FINETTE

Il a joué au piquet avec cette Polonaise. La
marquise a commandé qu'on leur servît toutes
sortes de friandises. Je n'y comprends rien ! Tant
d'égards pour une femme qui est aux gages comme
nous. Aussi, elle est si orgueilleuse qu'elle ne vous
adresse pas seulement la parole. Et le chevalier
qui la suit partout ! Ils sont toujours à chuchotter.
Patience ! quand il verra sa jolie cousine, j'espère
bien qu'il oubliera cette aventurière.

LAFLEUR

En voilà de la malice !

FINETTE

Nous nous amusons à bavarder, et la marquise
qui m'attend. (ELLE SORT.)

LAFLEUR

J'entend tousser le marquis. (IL SORT.)

SCÈNE II

—

LE MARQUIS

(IL S'ASSIED, PREND UN JOURNAL ET LE PARCOURT.)

Il n'y a rien de nouveau; c'est à faire dormir. Je plains ces pauvres journalistes; il faut qu'ils nous fournissent tous les jours des nouvelles, et quand il n'y en a pas, ils en inventent, et nous les gobons.

SCÈNE III

—

LA MARQUISE, LE MARQUIS

LA MARQUISE

Eh bien! marquis, j'espère que vous avez passé une agréable soirée avec Mme Erliska?

LE MARQUIS

Je crois bien ! Elle a de l'esprit comme un ange, et puis elle joue parfaitement le piquet. C'est une vraie bonne fortune que cette institutrice. Et vous, vous êtez-vous bien divertie au bal.

LA MARQUISE

Beaucoup ; tout le monde m'admirait, jusqu'au préfet qui est venu me faire compliments sur ma toilette ; il a dit que les couleurs que j'ai choisies sont l'emblème de mes sentiments patriotiques.

LE MARQUIS

Vous aviez donc un vêtement tricolore ?

LA MARQUISE

Je m'habille à ma fantaisie ; pour être tout à fait à la mode, il faut qu'une femme ressemble à un arc-en-ciel.

LE MARQUIS

En vérité, si j'étais moins souffrant, vous m'amuseriez avec vos folichonneries.

LA MARQUISE

Oh ! en fait de bon goût, ce n'est pas vous que je consulterai.

LE MARQUIS

Cependant. j'en ai fait preuve en vous épousant.

LA MARQUISE

Sans doute. vous savez qu'on admire toujours mes toilettes.

LE MARQUIS

Ce qui est ridicule attire les regards. et vous croyez qu'on vous admire.

LA MARQUISE

En vérité, je crois que vous êtes jaloux de mes succès.

LE MARQUIS

A votre âge. vous devriez avoir plus de raison.

LA MARQUISE

A mon âge !... Vous oubliez que vous avez quinze ans de plus que moi !

LE MARQUIS

Je suis très-vieux, mais chacun s'aperçoit que vous n'êtes plus jeune.

LA MARQUISE

Vous radotez.

LE MARQUIS

Vous êtes folle.

—

SCÈNE IV

—

LES MÊMES, LE CHEVALIER, ERLISKA puis CLORINDE

LE CHEVALIER

Bonjour, chère tante; vous n'êtes pas fatiguée ?

LA MARQUISE

Du tout; s'il y avait un bal ce soir, j'y retour-
nerais.

LE CHEVALIER

Il est vrai que vous êtes fraîche comme une rose.

LA MARQUISE

Je le sais bien.
(CLORINDE ENTRE, VA EMBRASSER SA TANTE, PUIS
LE MARQUIS.)

LE CHEVALIER

Ma cousine, permettez-moi de vous serrer la
main.

LE MARQUIS

Embrassez votre institutrice.

CLORINDE

Volontiers, car elle est charmante. Mais mon
éducation est achevée, puisque je suis sortie du
couvent.

LE MARQUIS

Vous êtes donc bien savante?

CLORINDE

Je sais l'histoire de France, la grammaire ; je fais bien des fautes d'orthographe, mais mon écriture est si fine qu'on ne les aperçoit pas ; d'ailleurs, la sœur Séraphine m'a dit que personne n'écrivait correctement. Pour le calcul, je sais l'addition et la soustraction. Je fais de la tapisserie et je joue du piano. Je sais une délicieuse polka ; toutes les élèves la savent et chacune à son tour faisait danser les autres.

LE CHEVALIER

Quelle gracieuse naïveté ! (BAS AU MARQUIS.) Elle est très-bien ma cousine !

LA MARQUISE PREND SON PETIT MIROIR, SE MIRE,
PUIS ELLE REGARDE CLORINDE.

Elle est, ma foi, bien jolie ; nous nous ressemblons comme deux gouttes d'eau.

LE MARQUIS (RIANT)

Bon !

LA MARQUISE

Chevalier, je veux donner une soirée dansante pour fêter le retour de notre chère Clorinde. Je vous charge de faire les invitations ; choisissez tout ce qu'il y a de plus distingué, surtout que les jeunes gens aient une belle tenue.

CLORINDE

Quel bonheur ! nous aurons de vrais cavaliers.

LE MARQUIS (IL SONNE, JASMIN PARAIT)

Je veux aller me reposer. (LE MARQUIS SORT.)

LA MARQUISE

Ma nièce, venez voir la jolie toilette de bal que je vous ai préparée. (LA MARQUISE ET CLORINDE SORTENT.)

SCÈNE V

—

ERLISKA, LE CHEVALIER

ERLISKA

Elle est charmante, votre cousine.

LE CHEVALIER

J'en conviens.

ERLISKA

Si vous l'eussiez vue, vous n'auriez pas refusé de devenir son époux ?

LE CHEVALIER (AVEC UN PEU D'HUMEUR)

Je ne dis pas cela.

ERLISKA

Il faut pourtant que cette plaisanterie ait un terme, nous n'avons que trop abusé de la crédulité de cette bonne marquise.

LE CHEVALIER

Vous avez raison, mais comment faire ?

ERLISKA

Vous le saurez bientôt.

SCÈNE VI

—

LES MÊMES, LA MARQUISE, CLORINDE

CLORINDE

Quelle jolie parure en corail !... Que de belles choses !... Venez voir, madame Erliska.

LA MARQUISE

Ménagez sa surprise pour ce soir.

CLORINDE

Il me vient une idée : si nous allions au jardin, nous pourrions nous amuser à cueillir des fleurs pour la fête.

LE CHEVALIER

Quelle ravissante gaieté ! (ILS SORTENT)

TROISIÈME ACTE

—

SCÈNE PREMIÈRE

—

FINETTE OCCUPÉE A ÉPOUSSETER,
PUIS **LE CHEVALIER**

LE CHEVALIER (ENTRE)

Où est la marquise?

FINETTE

Elle est à sa toilette. Eh bien ! vous disiez que vous préfériez le whist à la danse, mais la nuit dernière, vous n'avez pas joué du tout et vous avez presque toujours dansé avec votre cousine. Elle était vraiment adorable, aussi j'ai cru m'apercevoir que votre Polonaise crevait de dépit! Si vous voulez, je vous en débarrasserai. Je n'ai qu'à dire un mot à madame la marquise et je vous réponds qu'elle aura son congé sur-le-champ.

LE CHEVALIER

Ne dis rien, je t'en prie, ma bonne Finette. Penses-tu que Clorinde ait de l'inclination pour moi? Comment me trouve-t-elle?

FINETTE

Mais elle vous trouve très-bien, je vous assure. Il faudrait qu'elle fût bien difficile. Madame la Marquise paraissait si heureuse de vous voir admirer mademoiselle. (UN DOMESTIQUE ENTRE.)

SCÈNE II

—

LES MÊMES, LE DOMESTIQUE

LE DOMESTIQUE

Voici une lettre pour vous, monsieur de Beauchamp. (IL SORT, FINETTE AUSSI.)

LE CHEVALIER

C'est l'écriture d'Erliska ! (IL LIT.) « Monsieur, vous
« n'ignorez pas que je vous aime ; si cela n'était
« pas, je ne me serais point trouvée dans une aussi
« fausse position. S'il est vrai que les tendres sen—
« timents que vous m'avez exprimés partaient du
« cœur, voici le moment de m'en assurer.

« Vous saurez que je suis immensément riche,
« un village entier m'appartient, et je possède un
« superbe palais à Varsovie. Tout cela est à vous,
« ainsi que ma main, si vous voulez me suivre.
« Décidez—vous tout de suite, j'attends avec impa—
« tience votre réponse. » Diable !... (IL REFLÉCHIT.)
Tant pis... Si elle m'avait dit cela plus tôt, peut—
être aurais—je fait la folie de l'épouser... Bah !.....
je préfère ma jolie cousine avec sa candeur à cette
femme rusée... Il faut pourtant que je lui écrive !
que lui dirai—je?... Ah ! voici. (IL ÉCRIT.) « Si j'ac—
« ceptais le sort brillant que vous m'offrez, j'en
« serais indigne. Si les Français sont volages, vous
« conviendrez du moins qu'ils sont francs. » (IL
CACHETTE SA LETTRE ET IL SORT.)

———

SCÈNE III

—

LA MARQUISE S'APPROCHE DE LA FENÊTRE, REGARDE L'ASPECT DU CIEL ET DIT

Quel temps affreux ! Hier il faisait presque chaud ! Tant mieux, j'aime la variété. (ELLE VA S'ASSEOIR PRÈS DE LA CHEMINÉE.)

UN DOMESTIQUE (ENTRE)

Une lettre pour madame la marquise.

LA MARQUISE

Est-ce qu'on attend la réponse ?

LE DOMESTIQUE

Non, madame la marquise.

LA MARQUISE

C'est peut-être de quelque galant dont j'aurai fait la conquête au bal. Voyons la signature : « Erliski ! » Que

dit-il ? (ELLE LIT.) « Craignant de vous compro-
« mettre par un plus long séjour, je quitte le châ-
« teau ; c'est avec regret que je m'éloigne ; mais
« soyez persuadée que votre image adorée me suivra
« partout, et je vous jure qu'aucune autre femme
« ne fera battre mon cœur, et que j'aurai toujours
« pour vous les mêmes sentiments. » C'est tendre,
c'est délicat ; mais il a bien fait de partir ; ce badi-
nage commençait à m'ennuyer. (ELLE JETTE LA
LETTRE AU FEU EN DISANT :) C'est cela qui me
compromettrait...

———

SCÈNE IV

—

LA MARQUISE, FINETTE (D'UN AIR EMPRESSÉ)

LA MARQUISE

Qu'est-ce qu'il y a ?

FINETTE

Une nouvelle ! la Polonaise est partie sans rien
dire à personne.

LA MARQUISE

Je le savais ; c'est pour des affaires pressantes.

FINETTE

Pardon, madame la marquise, je pensais que c'était la jalousie. Il est évident qu'elle cherchait à séduire le chevalier. Depuis qu'il a vu mademoiselle Clorinde, il n'a eu d'attentions que pour elle.

LA MARQUISE

Crois-tu qu'il l'aime, Finette ?

FINETTE

J'en suis sûre.

LA MARQUISE

J'en suis enchantée. (LE CHEVALIER ENTRE ET FINETTE SORT.)

SCÈNE V

—

LES MÊMES, LE CHEVALIER

LE CHEVALIER

Ma chère tante, je viens vous supplier de m'accorder la main de ma jolie cousine.

LA MARQUISE

Tu l'aimes donc ?

LE CHEVALIER

J'en perds le sommeil.

LA MARQUISE

On m'a dit que tu aimes Erliska.

LE CHEVALIER

J'avoue que je croyais l'aimer avant d'avoir vu Clorinde.

LA MARQUISE

Je ne demande pas mieux que de vous unir, mais
à condition que tu seras toujours fidèle.

LE CHEVALIER

Vous me rendez bien heureux.....

LA MARQUISE (SONNE, FINETTE PARAIT.)

Dites à mademoiselle que j'ai quelque chose à lui
apprendre. (FINETTE SORT, CLORINDE VIENT EN
COURANT.)

SCÈNE VI

—

LES MÊMES, CLORINDE

CLORINDE

Dites-le moi vite, je suis bien curieuse.

LA MARQUISE

Je désire savoir si vous consentez à épouser monsieur de Beauchamp, ici présent.

CLORINDE

Oh ! de tout mon cœur. (ELLE EMBRASSE SA TANTE.)

LA MARQUISE

Allons annoncer cette heureuse nouvelle au marquis ; il sera charmé de cette union tant désirée. Mes chers enfants, je vous promets qu'aussitôt après la cérémonie, nous irons à Paris ; je vous présenterai dans le grand monde. C'est là qu'on existe réellement. Peut-être nous y verrons l'institutrice en uniforme. (ILS RIENT TOUS LES TROIS EN SORTANT.

FIN DE LA COQUETTE RIDICULE

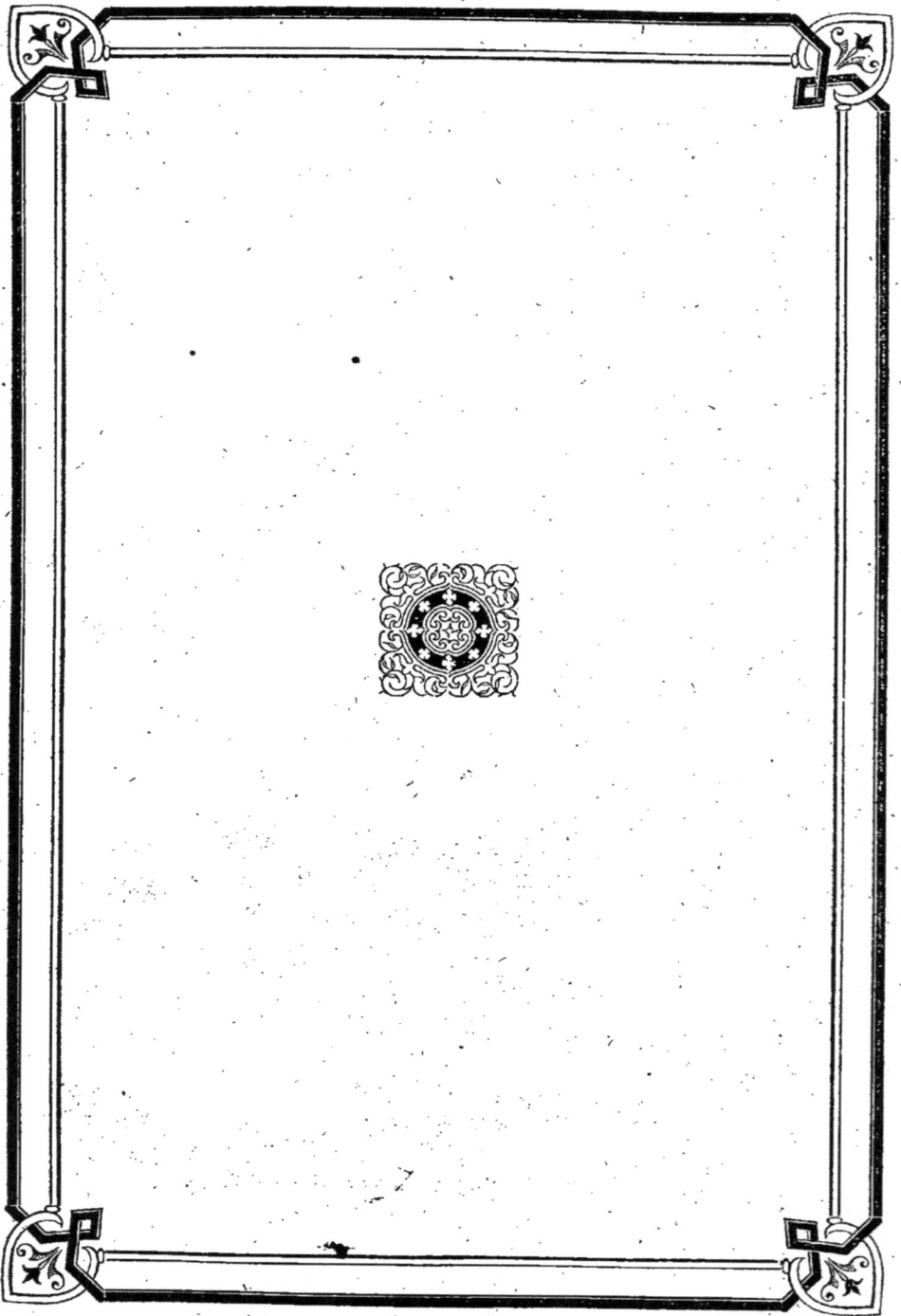

www.ingramcontent.com/pod-product-compliance
Lightning Source LLC
LaVergne TN
LVHW022156080426
835511LV00008B/1432